Fiction Inc.

Mat de Melo

**Édition des Voyageurs
du Temps**

ISBN 13 : 978-1-7322497-9-0

Tous les livres publiés par nova ink
printhouse.

nova ink
printhouse
subculture
books

La marque de fabrique de
Mat de Melo : la poésie du
montage cinématique

Remerciements

Un remerciement spécial aux
poètes qui tapent à la machine
à écrire. Aux créateurs d'idées
de minuit. Aux acteurs affamés
de scène. Aux artistes torturés
et aux génies incompris.
À ceux qui croient en le
pouvoir des idées et à tous
ceux qui ont déjà voulu plus.
Celui-ci est pour nous.

J'ai vu un ange dans le marbre et j'ai seulement ciselé jusqu'à l'en libérer.

– Michel-Ange

Fiction
Inc.

ACT I

Scène 1

Un théâtre d'art
et d'essai.

Les lumières s'éteignent et le rideau se lève.

Le personnage principal
émerge de la scène, et lit
son monologue au théâtre.

MILO Qu'il pleuve, ou qu'il
vente, ou qu'il arrive quelque

chose, nos intentions sont en
or et nos avantages ont un
défaut tragique. Quelles idées
romantiques, vouloir et ne pas
avoir. Faire advenir ce qui
n'existe pas. N'y a-t-il pas de
plan, de manuel pour cela?
Peu importe les gouttes de
pluie. Met votre imperméable
et ne t'inquiétez pas. La nuit
est presque là, et plus tard,
et vous et moi serons aux
anges.

**Vers le faisceau du
projecteur.**
Quelles sensations étranges
que d'avoir toutes les réponses,

de voir le monde en couleurs,
et de posséder tout ce qui
compte. Le livre de conte de
fées de l'image en mouvemente
se déroule en 24 images par
seconde, mais cette sorte de
fantaisie est une lente
révélation.

> Juno est sur scène avec
> un rouleau de ruban
> adhésif.

JUNO Tu vas casser la
baraque.

MILO Peut-être, peut-être
pas, mais cela n'a pas
d'importance. Un jour tout le

monde aura lu les mots
une comédie tragique.

JUNO Tu seras le toast de
la ville, le sujet du moment.
C'est lancé, et tout le monde
sera là.

> Juno éteint l'électricité
> sur la scène. Il fait nuit, à
> l'exception de la lumière
> de sortie sur la porte.
> Milo enfile son manteau
> et sort de la scène avec
> Juno.

Scène 2
Appartement 2e, Bairro Alto.
Sur un tapis de laine grise.

> Milo lit Shakespeare
> dans le noir, et Juno tient
> une lanterne près du
> livre. « Quatre jours se
> plongeront rapidement
> dans les nuits ; Quatre
> nuits rêveront
> rapidement le temps. »

> Juno a une idée.

JUNO N'y a-t-il pas
d'antidote ?

MILO Peut-être, peut-être
pas.

JUNO Peut-être, dans un monde différent.

Plus tard.
Milo a une référence d'anecdotes et d'idées, et Juno ouvre le carnet de notes sur une idée au hasard.

JUNO **Description d'un personnage littéraire**
Personnage un, le Guerrier Poète. Le Prométhée des mots, qui a donné le feu à l'humanité. Il est le porteur de poèmes. Avec chaque vers, il rend réel ce qui ne l'est pas encore. Le personnage utilise

les mots comme une épée et un
bouclier. Ses mots résonnent
dans le Bairro Alto, comme
un appel aux armes pour tous
ceux qui refusent de se laisser
assourdir par l'ordinaire.

Le personnage deux est la
déesse des idées, et la
prophétesse du talent.
Contrairement à Cassandre,
dont les prédictions étaient
vraies mais n'étaient pas crues,
les prédictions du personnage
deux sont à la fois vraies et
crues. Elle voit les super-
pouvoirs dormants en chacun,
et est donc une muse pour
la rébellion poétique.

Le personnage deux convoque
le personnage un dont les idées
brouillent la frontière entre
la réalité et la fiction. Son
personnage est incomparable et
compris par tous dans le théâtre
où les restrictions de temps et
d'espace se dissolvent sur la
scène. Le personnage trois
est le parrain de la vertu.
Il apporte la magie par le biais
du théâtre. Il est le producteur
d'art et la révolte contre
l'ordinaire. Il incite les masses
à fabriquer des choses.
Le personnage trois est le
précurseur d'une génération.

Il alimente la rébellion avec
un élixir hallucinogène de
bonnes idées.

Le personnage quatre : L'Icare
de la rime et du rythme,
il est motivé par l'excitation,
et donc par la rébellion contre
le mondain. Il continue à
repousser les limites de la
physique et met tout le monde
au défi de tirer le meilleur parti
de tout, et comme le
personnage un, il risque de
voler trop près du soleil de
son propre génie.

MILO Quelle interprétation
divine.

JUNO Y a-t-il autre chose ?

MILO Il y en a, et tu as un rôle
à jouer dans ce drame.

JUNO Qui suis-je ?

MILO L'oracle des idées.

> Juno monte sur une
> échelle.

JUNO Les dés sont jetés,
faisons en sorte que cela se
produise.

> Fondu enchaîné au
> théâtre.

Scène 3

> Milo est sur scène.
> Le projecteur est allumé,
> et il lit son monologue au
> théâtre.

MILO

Un prologue à cette

Ce qui est plus que cela,
c'est celui qui a compris qu'il
pouvait avoir tout ce qu'il
voulait, et qui a compris que la
magie existait. Plus est celui
qui a une idée nouvelle et qui
est rejeté, qui rejette les
conventions académiques
et défie les normes établies.
Plus est un polymathe sur un
toit du Bairro Alto qui a lancé

des dépliants d'un canon sur
les caféhoppers nocturnes à
Rua da Rosa, et qui a ainsi
commencé une révolution
de l'authenticité.

Plus Juno dont le travail
consiste à tracer un contour,
puis à le colorier. Plus c'est le
maître des mots anonyme qui a
collé des poèmes montés sur
les arrêts de bus de Barcelone.
Plus c'est l'arrivée tardive de
l'antihéros, et ombrageux
mythe légendaire dont le
superpouvoir est que tout ce
qu'il couche sur le papier lui
arrive.

Plus c'est le soleil, la lune et les
étoiles, et ce qui colle tous
ensemble. Plus est fiction.
Plus c'est au-delà de l'arc-en-
ciel. Plus est sur le papier, et
quelque part là-bas. Plus c'est
ce que vous en faites, et il y en
a encore à découvrir. Moins il y
a de petits monstres verts.
Moins il n'y a pas de temps.

Scène 4

> Dans les coulisses,
> près du distributeur de
> sodas. Juno et Milo
> boivent un cola sur un
> tapis de laine gris.

MILO Des mots, des mots,
des mots, tout ce que j'ai,
ce sont des mots.

Juno a une
cigarette.

JUNO Tu as été envoûté par la
magie. Probablement pour
toujours.

MILO Et me voilà donc par
terre avec toi, près de la
machine à Coca, à tenir
l'Univers ensemble avec
des mots sur du papier et
de la colle.

JUNO Tu as été nommé pour
cette exacte raison.

Milo fait une
pause.

MILO C'est là le problème,
d'avoir et d'être le rôle. Sur
scène, lorsque les lumières
s'éteignent et que le théâtre
devient bleu ultraviolet, on
comprend que ce que l'on voit
est de la fiction, mais qu'il y a
plus que ce que l'on voit.

JUNO Qu'y a-t-il de plus ?

MILO Pour avoir un antidote
au temps, pour ralentir, et ne
pas être si romantique.

Milo a un livre d'idées à lignes jaunes avec les mots : Acte 2, les monologues de la bonne nuit.

JUNO Lisez-le demain, sur scène et avec le projecteur allumé.

Sortent Milo et Juno.

Plus tard.
Milo se trouve sur la Rua de Andrada. Il passe devant l'opéra, puis devant les cafés de la Rua Garret. Il marche lentement jusqu'à

l'Academia de Belas Artes,
et un point rond étoilé fuse
traverse la mésosphère.
Il s'arrête, et là, il a une
révélation quelque peu
mineure : pour avoir un
antidote au Temps, il devrait
apprendre à défier la gravité
et à se déplacer à la vitesse
de la lumière.

Scène 5

Appartement 2e.
La radio est allumée.
Il déplie une feuille de
papier et lit le poème à
haute voix.

Lo monologue de La Luna. À qui s'adresse-t-elle ? Est-ce le poète-Rocketeer dont les idées sont trop peu conventionnelles pour les organisations traditionnelles, qui s'est lancé dans sa machine à écrire la nuit, sans souci ni précaution.

Quand le poète pourra-t-il lire son poème monté aux Harmonistes dans un café de Barcelone ? Le micro est allumé, et les incompris n'ont pas eu leur tour.

Scène 6
>   Un projecteur Kodak
>   super 8. Un montage
>   d'images animées est
>   projeté sur un mur.

Commencer le montage.
Une Mini Cooper bleue et
rouge. Un trajet en milieu
d'après-midi sur la Nacional 4.
L'Alentejo. Brume de fin d'été.
Un champ d'herbe jaune
et des fleurs de pavot.
Espanha, 130 kilomètres.
Une radio FM. Un exemplaire
du Le Guide du voyageur
galactique sur le tableau de
bord. Une caisse de gin tonic
sur la banquette arrière, près

de Juno. Une carte en papier.
Un appareil photo 35 mm, et
un pistolet à eau en plastique
vert néon. Juno et Milo et
Bacchus fument une cigarette
et la radio est allumée. Milo
appuie sur l'accélérateur et le
trio fait un zoom avant.

Fin du montage.

Sur scène.
Milo a le micro. Il lit un
poème à Juno, et au
théâtre.
MILO Quelque part à
Barcelone, une personne à
l'imagination débordante se

lance dans la rédaction d'un
poème. Tac tac tac dans la
nuit, des mots, des mots,
des mots, jusqu'à ce qu'enfin,
un manifeste du vin en boîte
voit le jour. C'est ainsi que naît
un sous-genre sans nom.
Ce qui a commencé comme un
poème s'est transformé en un
remède aux idées banales, et
donc en une génération de
mécontents, un sous-groupe
de jeunes gens brillants qui
se sont tous ralliés à une idée
dans un roman. Que l'Univers
nous appartient, et le passeport
pour Ceci se trouve dans nos
poches en denim bleu.

Qu'il y a de la poussière
d'étoile dans notre ADN,
et qu'il faut donc un peu de
magie pour que cela arrive,
et que vous et moi, et presque
tout le monde ici, avons les
prérequis pour cela.

JUNO Encore, encore !

MILO Il n'y a pas de rappel.

> D'une voix que l'on
> pourrait qualifier de
> « s'mores à la guimauve au
> chocolat ».

JUNO Ajoutez-en d'autres et
renommez votre conte de fées
presque fictif In Blue Ink.

Le rideau se ferme
et Junon sort de
scène.

Milo se dirige vers
l'arche du proscenium et,
comme il n'y a personne,
il fait semblant de porter
le rideau comme une
cape bleue à capuchon.

Scène 7
Dans la salle de
projection.
Milo et Juno sont assis
près du projecteur. Il y a
une radio à transistor par

terre, allumée, et Juno
règle le cadran sur
l'émission de radio La
Lanterne de Kérosène.

Une introduction
La fureur d'Achille et sa quasi-
invulnérabilité, à l'exception
de son talon. Les foudres
et les éclairs de Jupiter.
Les messages d'Hermès,
et le char d'or d'Apollon.

Entre Bacchus, qui a
quatre entrées pour la
soirée costumée de
Tanqueray, au cinéma
São Jorge. OCT. 31. 20h.

Se déplacer latéralement
de l'un à l'autre, sous
une lumière rasante et
dans un brouillard de
cigarettes.

MILO En voilà une : Distiller
la grandeur en une seule âme.

JUNO Leonardo di Vinci.
Puis Michel-Ange, puis Rafael.

BACCHUS Puis Shakespeare.

SONNY Pour moi, c'est
Michel-Ange. Puis peut-être
Platon.

MILO Alors qui ?

JUNO Les impressionnistes.

BACCHUS Puis Les
Romantiques.

SONNY Puis Kerouac.
Puis Miles, et il y en a
beaucoup, beaucoup plus.

MILO Puis Pablo Picasso.

JUNO
      Pour moi, il n'y a ni
      passé ni présent dans
      l'art.

MILO Des 2, mots sur
papier ou films ?

JUNO Pour moi, images en
mouvement.

SONNY Puis les mots sur
papier.

BACCHUS Je dirais le cinéma.
C'est de l'art, c'est de la fiction,
ce sont des images en
mouvement.

MILO Je dirais la machine
à écrire portable.

Juno telephone à un taxi.
Sonny cache une bouteille de
vin rouge dans un petit sac de
voyage. Un taxi Mercedes-
Benz surgit, et Milo, Juno,

Bacchus et Sonny avalent
simultanément leurs pisco
sours.

Partie 2.
Le bal costumé de Tanqueray.

> Milo et son entourage
> entrent en scène.

Il y a des confettis bleus et
roses sur le sol. Le théâtre est
couvert de lunes en papier.
Tout le monde a un costume,
et tous ceux qui sont quelqu'un
sont là. Les gens qui bougent
et qui font bouger les choses.
Les faiseurs de cinéma et les
acteurs de théâtre. Les
romantiques. Les étudiants de

premier cycle. La production
théâtrale. Les producteurs de
films. Les baristas des cafés et
les néo-impressionnistes.
Il y avait deux bars de gin,
deux bars d'espumante et deux
gâteaux ronds au chocolat avec
les mots « quelles incantations
peuvent venir ? »

Un remix de jazz des
années folles retentit
dans la salle.

A Milo.

MILO C'est à nous de
réécrire le monde.

JUNO C'est ton idée.

Juno fait tourner
son gin tonic.

JUNO Quand est-ce que le
rideau se lève ?

MILO Demain, peut-être.

JUNO Tout le monde est en
costume ?

MILO Toi et moi, et tous
ceux qui sont ici ont
un rôle à jouer dans cette
image en mouvement.

JUNO Tu es un conteur
patron.

MILO Je ne suis qu'un
apprenti.

> Juno fait semblant
> d'avoir un micro.

JUNO Vous êtes un
romantique, tout comme moi.

> Milo disparaît dans le
> théâtre. Entrent Bacchus
> et Sonny.

BACCHUS Bonsoir, bonsoir !
Où est Milo ?

JUNO Envoie-nous un peu
d'espumante.

Bacchus fait signe à
Milo.

BACCHUS Faites-en trois.

SONNY Non, faîtes-en
quatre.

Milo revient avec quatre
bouteilles d'espumante,
une dans chaque main et
deux dans son manteau.

MILO Pécher par excès de
prudence, Moins il y en a, plus
il y en a.

Milo fait sauter le
bouchon et la bouteille
s'envole dans les airs.

MILO A la santé des
mécontents.

JUNO Alors à ce qui pourrait
être.
> Le quatuor fait claquer
> ses tasses l'une contre
> l'autre.

SONNY A la nuit. Qu'il y ait
une supernova de papier
confetti, et que ce soit sans fin.

                    A partir de là.
Juno est sur la véranda avec
le personnel du théâtre.
Juno est sur la véranda avec
le personnel du théâtre.

Bacchus est sur le canapé près
du bar Tanqueray, et Milo et
Sonny font le tour de la salle
avec un appareil photo 35mm.
À partir de dix heures et demie,
la festa se met en branle, la
musique résonne dans les haut-
parleurs, il y a une horloge sur
le mur et, à minuit, tout le
monde lance des confettis
dans l'air.

Le lancement spatial de Polaris
Dawn est à la radio, et tous là
se sont réunis pour écouter,
et pour au moins cette nuit-là,
il y avait un sentiment unanime
que l'Univers était à nous, et
que tout était possible, et en

même temps il n'y avait nulle
part ailleurs où nous
préférerions être.

    Trois heures plus tard.
Milo a une guitare à cordes
de nylon. Il joue une berceuse,
et tout le monde dans la salle
de théâtre fredonne les paroles,
et l'un après l'autre, les
costumés somnolents se
dissolvent dans la nuit étoilée.

    Superposition bleue et
jaune, et fondu enchaîné
vers un appartement à
Chiado. Milo est
endormi sur le canapé,
et en plein rêve.

Un montage en plein été.

Espagne, sur l'A-2. Milo est dans une Fiat 850 Merlot '73 ensoleillée. Il porte une chemise jaune moutarde. La radio est allumée et les vitres sont baissées. Il appuie sur l'accélérateur et, avec Madrid derrière lui, il fonce. Barcelone, 500 kilomètres.

Scène 9
Milo est sur scène, et en costume, avec un manteau de laine surdimensionné, une chemise en polyester et un pantalon à carreaux bleus.

49

Juno est sur une échelle
avec un Kodak super 8
sur Milo. Il lit son texte
au projecteur du théâtre.

MILO Un tragédien est dans
son appartement sur une
machine à écrire portable
bleue.

10 poèmes et une
ébauche de imagine
en mouvemente.

(Dans un effet de
typographie.)
L'antihéros. Une réponse
à la superposition. Comment

tuer un dragon. Quand il pleut,
il pleut. De l'ombre à la
lumière. Le poème des
moufles. C'était un Merry
Xmas. Pop-corn au beurre et
champignons magiques.
Le cinéma et les livres
d'occasion à Barcelone.

Le plan.
Rouge jaune bleu,
prenons ma voiture.
Le vin en boîte, la super
lune, construisez-moi
une machine à remonter
le temps. Bonne nuit,
au revoir, je
recommencerais.

Il soustrait l'ébauche de la
machine et, à partir de ce
moment, le théâtre, la fiction
et le Monde-Réel se fondent
en un seul. Ce qui n'était au
départ qu'une idée abstraite
se transforme en objet dans le
Monde-Réel. Sur le papier et
sur la scène, il est invincible,
il peut faire et être ce qu'il veut.
Mais dans le Monde-Réel,
il y a une faille tragique,
et pour chaque avantage,
il y a un inconvénient.

Scène 10

Dans les coulisses.
Milo et Juno sont dans la
salle des costumes. Juno est
en costume et Milo essaie
un manteau de laine.
Bacchus entre comme un
orage qui s'amasse. Il
tombe sur les vêtements
posés sur le sol, il lit le
mémo à Milo et Juno.

BACCHUS Extrait du Le
Messager de Bairro Alto :
Le Meta Theatre fermera
ses portes en mai, de : La
Evil Organization S.A.

Un nuage orageux gris
foncé semble planer
sur la salle.
BACCHUS Il a été scotché à
la porte des coulisses.

Il n'y aura pas de théâtre,
et il n'y aura pas de Son
et Lumière.

ACT II

Scène 1
> La nuit, dans le centre-
> ville de Cascais, sur le
> port. Milo et Juno sont
> dans la voiture.

MILO
> Comme le soleil se
> couche de façon
> extraordinaire, et pour
> quoi faire ?

JUNO Ce qui est passé est le prologue de cici. Le soleil s'est couché, mais pas sur toi ou moi.

MILO Cela n'a pas d'importance.

JUNO C'est important pour moi, et c'est important pour toi. C'est important pour nous, et il y en a d'autres parmi nous, en arrière-plan, qui attendent leur tour. Je le sais parce que je les ai vus, à Barcelone, à Rome et au Bairro Alto, dans les cafés, dans le tramway, dans les librairies, au fond de la salle, près des livres de philosophie.

Ils sont partout, si vous savez
comment regarder. Les gens
ordinaires ne peuvent pas les
voir parce que les gens
ordinaires ne savent pas
comment voir les choses avec
leurs grands yeux ronds.

MILO Cela va à l'encontre
de tout.

JUNO Alors nous devons aller
à contre-courant. Toi et moi
devons le prendre à cœur.
Utilisez le comme de l'essence.
Les mots sont comme des
grenades, remplissez-les de
fleurs, et putain, tuez-les avec
beauté.

C'est tout ce que nous
avons, toi et moi.

Scène 2
        Appartement 2e.
Milo est sur le canapé.
Sur le sol se trouve une
tragicomédie. Il y a un poster
de L'Iliade sur le mur. Milo
semble émerger d'un rêve et,
comme dans la fiction, il a une
idée. Il plie l'acte Un en avions
en papier et, un par un, les
lance par la fenêtre ouverte et
dans la nuit. À l'insu de Milo,
Juno est assise dans la voiture.
Les avions en papier zooment
dans l'air et atterrissent sur

59

l'Avenida. Juno fait ce qu'elle
fait, sort de son char, et comme
dans la fiction, sauve chacun
d'entre eux.

Plus tard.
Milo a une boîte rectangulaire
marron sur laquelle sont
inscrits les mots « À garder
pour demain ». Dans la boîte
se trouve un almanach de
philosophe amateur, Une
Tragicomédie, acte 3 avec
une intrigue parallèle et deux
résolutions différentes :
l'une tragique et l'autre moins
tragique. Une radio à transistor
et un carnet avec les

instructions pour construire
une machine à remonter le
temps.

Il y ajoute un tirage couleur
Kodak de lui, Bacchus et Juno
dans sa voiture, ainsi qu'un
poème : Prenez vos distances
par rapport à l'establishment.

Se rebeller contre la
norme.

Scène 3
> Time-lapse vers le
> théâtre. Juno est sur le
> plateau. Milo entre en
> scène.

Aux rideaux
MILO Ce qui monte, doit
redescendre.

À Milo
JUNO Tu as fort bien œuvré.
Tu ferais encore mieux de le
savoir. Une telle douceur est si
rare, et à cet égard, tu débordes
de tous côtés.

Il y a de la magie à saisir, alors
essaie encore. Tu le feras se
produire.

MILO Dans quel théâtre ?
Il n'y a personne ici. ... Le
rideau va tomber, et ensuite
quoi ? Hélas, avoir un oreiller
pour rêver. Être comme
l'affiche sur le mur, jeune et
décadent et lumineux.

JUNO Les entreprises peuvent
avoir la scène, mais pas nos
idées. C'est sur le papier,
et avec toi. Le héros de fiction
reviendra, et quand il
reviendra, il reviendra avec la
plus douce des vengeances. Il

63

sauvera le crépuscule. Il aura
son heure d'or.

MILO Avec les mots qui
restent.

JUNO Ils ne nous ont laissé
d'autre option que de faire ce
que nous voulons.

MILO

**Rembobinez la
bande jusqu'à
l'acte 1, scène 4.**
Dans l'obscurité, le
protagoniste attend son heure.
Le projecteur est allumé, et il
entre lentement sur scène.

Il n'y a personne ici sauf nous,
et aucune raison d'avoir peur,
parce qu'il n'y a pas de
fantôme de l'opéra. C'est-à-
dire, jusqu'à ce qu'il y en ait.

À Juno.
BACCHUS C'est un apogée,
s'il y en a jamais eu un.
Il s'agit d'une intention de
perturber l'ordinaire.
Plus que des mots sur du
papier, un manuel pour les
mécontents. Pour ceux qui
osent, DE ceux qui osent.
Il doit y avoir un nom pour la
cause, et il devrait y avoir un
super-héros. Il doit être fidèle
à sa parole et être un colosse

parmi les hommes.
Il devrait être *all-in*.
Il doit porter ses couleurs,
et agir comme s'il était la
différence.

Traçons une ligne dans le
sable. Tu ne peux pas
bouger de votre position.
Tu ne peux pas reculer
et tu ne peux pas effacer un
seul mot. Que cela serve
d'exemple pour le bien,
le mal et le divin. N'y a-t-il pas
de temps ? Où va donc la star
du spectacle, ne comprend-elle
pas à quel point elle est
importante ? Il ne s'est peut-
être pas réveillé, mais il doit

avoir compris que la vie n'est
qu'un rêve. Il doit régler son
réveil. Il doit se rendre au
théâtre et emporter avec lui ses
idées endormies.

La nuit est presque
arrivée, et il est temps
de jouer le rôle.

À Milo

JUNO
Ces bottes sont faites
pour marcher, et toi
aussi.

Au projecteur.

MILO N'y a-t-il ni rime ni raison à cela, à fabriquer ce qui n'existe pas ?

JUNO Les dieux t'ont permis d'avoir un génie sans pareil, utilise-le à ton avantage.

MILO Ce qui menace le temps. ... N'y a-t-il pas de menace plus maléfique pour cela ? N'y a-t-il personne de plus mauvais ?

JUNO Il faut prendre temps. Il faut avoir une idée, et elle doit être plus grande que la vie elle-même.

MILO Comme dans les
images en mouvemente.

JUNO Plus que jamais
auparavant.

Milo a une idée.
MILO Il y a l'option b, qui
consiste à construire un
théâtre. Achetez un projecteur,
des lumières de scène et des
costumes. Faites ensuite une
publicité. Faites un poème,
puis faites-en des copies.
Collez-les ensuite sur les cafés
et les théâtres partout.
Commencez par Lisbonne,
puis Porto. Puis Madrid,
puis Barcelone et Rome.

Puis Berlin, puis la Hollande.
Puis Bogota, puis Buenos
Aires. Puis Hawaï, puis les
Nippons.

JUNO Je peux faire de l'art.

BACCHUS Je peux faire des
photocopies.

MILO Et je peux acheter
la colle.

Il y a un avion en papier
sur le sol. Il déplie le
papier et lit ce qui s'y
trouve.
MILO Maîtrisez vos
superpouvoirs. Apprends à

penser comme si tu l'étais,
et ce n'est pas tout.

BACCHUS Ce n'est pas une
exagération, ni une fiction, il
faut vraiment être la métaphore
et faire ce qu'il faut pour que
cela arrive. Ce qui est triste,
c'est que toi et moi et Juno,
nous sommes les derniers
d'une génération, et le théâtre
n'est plus.

MILO Nous sommes plus
nombreux, quelque part là-bas.

> Juno est sur l'échelle, et
> Milo est près du rideau.

Vers les loges
du théâtre.
JUNO Je veux retourner dans
le passé et recommencer à
zéro. Vers le cine-teatro.
Vers les affiches de cinéma
sur le mur. Au Moulin Rouge.
Aux Années Folles et aux
cafés de Montparnasse.
À l'appartement de 30 mètres
carrés. Aux dialogues de fin
de soirée, et à la nuit. Tu l'as
en toi. Tu vas le faire.

MILO

> J'aurai besoin de plus de
> temps. J'aurai besoin
> d'une machine à écrire
> portable et de papier, et
> j'aurai besoin d'un
> peu de magie.

BACCHUS

> Tu as tous les mots dont
> tu auras besoin, chacun
> vaut son pesant d'or.

JUNO As-tu pris des
précautions ?

MILO
> Il y avait des gargouilles
> partout, et ça n'a pas
> suffi.

JUNO Tu as une villa en
Espagne entourée de vignes.
Tu as du vin rouge. Chaque
année, au mois d'août, les
dieux déguisés en lucioles vous
rendent visite sur la véranda.
Tu as une machine à écrire et
du papier. Tu as une radio à
piles. Qu'est-ce qu'il y a de
plus ?

Il y a deux échelles de
théâtre sur la scène,
et Milo et Bacchus
montent sur l'échelle
près de Juno.

MILO À ce que ça soit.
A nous. Aux mélodramatiques.
A ce qui fut, et à la vengeance
douce-amère.

BACCHUS Il y a l'option b.

Au théâtre, comme
si une tempête
tropicale.

JUNO Il y a assez de mal dans
le monde. Soyons une force
pour le bien et faisons tout
exploser.

BACCHUS Il n'y a pas de
temps à perdre.

JUNO Il y a le temps,
il y a Maciuss.

MILO Sur le papier, peut-être.

Juno descend jusqu'à la
marque de ruban adhésif
au sol comme si c'était
son. grand. moment.

JUNO **Qui est Maciuss,
mais un personnage
imaginaire,** un super-héros
ordinaire, un poète et une
muse. Exagère pour moi ce
qui se passe. Faites comme

si vous étiez sur une scène.
Voici le micro, lisez-nous un
poème. Leve le rideau, et fais
un tabac. Ô capitaine, mon
capitaine, nous monterions sur
le pupitre d'une école pour toi.
Nous pourrions mourir ici,
sur cette colline, mais nous
vivrions pour toujours.

Ne écoute pas les antagonistes,
il y en aura d'autres. Alors ne
t'inquiète pas, tu vas bientôt
conquérir le monde avec tes
propres mots, et en 24 images
par seconde. Mais d'ici là,
dites-nous ce qui fait que
vous êtes-vous.

Est-ce le temps ou les
mots sur le papier ?

Ô Pomegranate Angel qui,
était une fois à Lisbonne a
divisé une grenade en trois,
un pour moi, un pour toi
et un pour Calliope, dis-moi
comment tu avais l'habitude
d'emporter une machine à
écrire dans tes projets de
recherche sur la mythologie.
Dis-moi comment, à treize ans,
tu prétendais être un gardien
de l'univers. Dis-moi que tu
n'avais pas peur du noir,
et qu'il n'y a pas de ça
pas de monstres.

Aux distraits dont les idées
exagérées ne viennent jamais
assez tôt, j'ai tellement réfléchi,
chaque poète a une muse,
et chaque super-héros a une
limite. C'est pourquoi tout le
monde veut savoir ce qui fait
de vous un homme. Est-ce la
vengeance ? Est-ce l'amour,
ou l'idée de l'amour ?

Il y a un train à 10 heures
pour Hendaye. Apporte
l'antidote, et recommençons.
L'histoire du soir est presque
à sa fin, et vous avez 43 ans.
Oh, mais ce n'est pas grave,
tu es jeune pour moi, c'est le
temps qui ne s'arrête pas.

(Félicitations à tous)

MILO

Y a-t-il une alternative ?

BACCHUS Ne pas être
normal est une condition
sine qua non. On ne peut
pas avoir le beurre et
l'argent du beurre.

MILO Je veux conquérir le
monde, le reprendre aux
entreprises et le rendre
aux mécontents.

BACCHUS Cela n'existe pas.
Pas ici. Pas à notre époque.
Pas aux faiseurs de business.

MILO Il y en a pour moi,
et il y en a pour toi.

JUNO L'art existe parce
qu'il est nécessaire, et il est
toujours nécessaire.

     Une pause dramatique.
MILO Tu es un romantique
de bout en bout.

JUNO N'y a-t-il pas plus
de magie ?

     A Juno, sur le sol.
MILO La magie est dans les
mots. C'est pourquoi les
gouttes de pluie sont bleues.

Je le mets sur papier, et tu
le colories.

                    À Milo.
JUNO
        Tu rubriques comment
        être surhumain Parfois,
        je me dis que tu n'es pas
        de ce monde.

        Sont sortis Bacchus
        et Juno.

        Milo se tourne vers
        l'opérateur de projection.
        Il dit au revoir, et une
        par une, les lumières
        s'éteignent.

ACT III

Scène 1
> Un papillon bat des ailes
> et provoque un ouragan à
> l'autre bout du monde.

> La nuit.
> Plan large d'un cinéma
> dans le Bairro Alto.
> Puis Milo au fond de
> la salle, sous la poutre
> du projecteur.

Milo est assis sur son
siège avec un cola
moyen. Les mots sont
projetés sur son t-shirt
blanc uni.

Une succession de couleurs
rétro. Mandarine, bleu et
marron.
                    Introduction.
À la génération d'idées,
une éthique... un mode
d'emploi pour les
créateurs d'idées.
Faites le temps pour que
l'idée fleurir, et le mener
jusqu'au bout.

Scène 2
Trois images horizontales
apparaissent simultanément
à l'écran.

Premier cadre.
Milo est à sa machine à écrire,
en train de respecter une
promesse qu'il a faite à
l'Univers. Tac tac tac, il tape
dans la nuit. Les mots
semblent sauter de la page
jusqu'à ce que, finalement,
une métamorphose se
produise. Il a un antidote au
temps.

Deuxième cadre.
Juno est dans sa voiture à un
feu rouge. Le feu passe au vert,
puis au jaune, puis au rouge.
Mozart est à la radio, il ne
bouge pas, et de nouveau le feu
passe au vert, puis au jaune,
puis au rouge. Cette fois,
Juno appuie sur l'accélérateur
et faire un zoom avant.

Troisième cadre.
Bacchus est sur le canapé avec
un billet Renfe pour Barcelone,
via Madrid. Il met le billet dans
sa poche, puis enfile son
manteau.

Scène 3

    Un café sur la Rua
    Garret. Juno est à une
    table au fond. Milo est
    dans une combinaison
    de vol bleue.

    Lui et Bacchus
    commandent un café.

BACCHUS Le cinéma sera
détruite, et alors, le Meta ne
sera plus.

JUNO Que va-t-il nous
arriver ?

BACCHUS Nous allons être
renvoyés aux archives.

JUNO Quelle est l'option 3 ?

MILO Nous aurons besoin
d'un nouveau théâtre et de
plus d'acteurs, ceux qui n'ont
pas peur des monstres et qui
lisent Shakespeare dans le noir.
Nous aurons besoin d'un idiot
romantique. Nous aurons
besoin de lumières et d'un
projecteur, et d'une idée si
incroyable qu'elle sera presque
impossible à exprimer.

JUNO La magie est en train
s'estompe.

BACCHUS Il y aura peut-être
un autre contrat.

MILO Non. Hélas, il n'y
a pas de temps.

> Bacchus fait une
> pause.

BACCHUS A la santé des
romantiques idiots, qui n'ont
pas peur d'essayer et parfois
réussir. Qui halètent à l'idée
de tout perdre, et le font quand
même. Ne prête pas attention
à l'incertitude et ne t'inquiète
pas. Mets tes idées sur papier
et continue avec ce que tu as.
Tout ce qu'il faut, c'est du
temps et de la pression,
et tu auras ton poème de la
vengeance.

Milo tend un livre
d'occasion à Juno.

JUNO Qu'est-ce que c'est ?

MILO Un manuel, sur les
monstres, les rêves et les
cauchemars.

JUNO Qui est l'auteur ?

MILO Une personne
anonyme, même si je ne suis
pas sûr qu'il s'agisse d'une
personne.

Bacchus se lève et monte
sur une chaise comme
s'il était sur une scène et
comme s'il avait quelque

chose d'important à dire. Tout le monde dans le café se retourne et regarde.

BACCHUS
À Milo, d'un drame à l'autre. Le super-héros qui est en toi reviendra, et à ce moment-là, tu auras appris que tu l'avais toujours eu en toi. Comme tous les super-héros, tu auras appris à l'utiliser pour le bien et pour tout ce que tu veux. Avec le temps, tu vas soit succomber à tes vices et devenir le méchant, soit être forcé de choisir entre qui tu es et ce que tu veux vraiment.

Le Tram 28 zoome.
Milo y voit un appel à
l'action.

MILO Le rideau s'est clos,
notre spectacle de fin de soirée
est terminé.

JUNO Où va-t-on ?

Une pause dramatique.
MILO
Rome. J'ai rendez-vous
avec les dieux.

Milo et Junon et Bacchus
forment un cercle, et ce
qui commence comme

une étreinte de groupe se
termine par un lever de
rideau.

MILO Adieu, bonne chance.
Qu'il y ait de l'or au bout de
l'arc-en-ciel.

JUNO La séparation est un si
doux chagrin.

Bacchus lui dit au revoir,
puis sort du café.
JUNO Au revoir, Milo.

MILO Au revoir.

Scène 4
Milo est dans sa voiture,
à pleine vitesse sur l'Avenida.
Il arrive à un panneau
'interdiction de tourner au
rouge', et il tourne vers le
théâtre quand même.
Il quitte la voiture près de la
porte des coulisses et se dirige
vers la porte avec une lourde
masse en fer qu'il porte sur son
épaule. Il fait un pas en arrière
et, puis fait claquer le cadenas.
Il le tire et entre dans le
théâtre.

Milo marche lentement sur
la scène. Il ouvre le rideau,
fait une pause, puis fixe son

attention sur le théâtre,
sur les œuvres d'art accrochées.
au mur. Toutes les muses sont là :
Calliope, Clio, Polyhymnia,
Euterpe, Terpsichore, Erato,
Melpomene, Thalia et Urania.
Il ne dit pas un mot, et il n'a pas
besoin de le faire. Il sait qu'ils
savent que ses idées sont sur le
papier et qu'il les lit souvent,
parfois à La Luna, parfois à un
théâtre de trois personnes.

Une boîte d'affiches de théâtre
est posée sur la scène.
Il imagine une salle comble
habillée en costume dans son
esprit. Chacun d'entre eux
avait un programme de Fiction

Incorporé, et une poche
pleine de lunes en papier.

Sur scène et en costume,
il lit son poème sur les
vengeurs.

**Le monologue du code
vestimentaire.** À tous ceux
qui sont différents, qui sont
mis en marge, qui doivent se
conformer aux idées normales
ou partir. Habille-toi comme tu
le souhaites. Sois qui tu veux
être. Enfile ton costume et agis
comme tu le souhaites. Il n'y a
pas d'option B, et les idées que
nous avons en tête sont tout ce

que nous n'aurons jamais.
La scène est montée, alors ne
te soucie pas des gouttes de
pluie. Mets tes chaussures et
marche sous la pluie. Ne perds
pas ce qui fait de toi ce que tu
es. Le monde est à toi, et
lorsque le rideau se lève et que
le spectacle commence, sois le
contrepoison de ce qui veut te
défaire. Fixe tes yeux étoilés
sur la stratosphère et fais en
sorte que tout se produise.

La magie existe-t-elle ?
Peut-être, peut-être pas.
Mais nous pouvons faire
semblant.

Milo s'arrête près du
rideau ... Aux dieux du
théâtre.

**Douce Calliope, les
mots ne sont pas
donnés.** Sous les faisceaux
de lune que toi et moi et
Bacchus avons conclu un
accord entre gentlemen,
selon lequel je coucherais sur le
papier tout ce qui scintille et
luit, et que j'aurais droit à tous
les avantages, et toi, tu aurais
tes poèmes nocturnes.
À cette fin, notre travail est
terminé. Le soleil mandarin
s'est couché et il ne reste plus

qu'un homme en chemise
hawaïenne sur une scène.

Il est en costume et il a
respecté son accord.
Comment peut-il alors
échapper au mélodrame,
à moins que le monde entier
ne soit une scène. C'est alors
une berceuse d'adieu, une
poignée de main secrète aux
amateurs de théâtre du monde
entier.

Hélas, le monde a besoin
d'un poème de
vengeance, d'un appel à
l'action : Sauver le

cinéma. Sauver le théâtre.
Sauver les idées.

Au prétendu microphone.
**Je ne suis qu'un
apprenti poète.**
Il n'y a pas d'idée aussi
improbable, ni de personne
aussi folle pour avoir une idée,
et donc fabriquer un monde
qui n'existe pas, sauf sur le
papier. Il exagérera chaque
mot, et voilà que, comme par
magie, ce qui est sur le papier
se produit réellement. Il devra
peut-être déplacer la vitesse
de la lumière et réarranger

les étoiles pour y parvenir,
mais il aura son anecdote de
la nuit d'été. Cela peut prendre
une éternité, mais ce n'est
pas grave–un jour, il aura sa
rédemption, et on y pensera
pour toujours, et elle n'expirera
jamais vraiment.

Milo se tourne vers la sortie
du théâtre sur la scène. Il y
a une ampoule de 30 watts.
Il l'allume, et ainsi quand il
n'y a personne, et pour ne
pas saboter la mise en scène,
ainsi les fantômes du théâtre
du passé peuvent jouer
jusqu'au bout de la nuit.

Nous écrire
nova ink printhouse
Rua de Alcamim, 21
Elvas, PT 7350-014

matdemelo.info

novainkprinthouse
@proton.me